Lorbeer
Literaturverlag

ISBN 978-3-938969-29-8

# Carsten Rathgeber

# Zwischenträume

## & Grenzwelten

Lorbeer - Verlag
Bielefeld 2014

## Traum

Schatten im tanzenden Wind –
Gesten, gar Metall
gelblich – schwebend, weit und fern.

Ist der Boden fest?
Nur die Klänge wissen es!
Und wer weiß um sie?
Ja, wohl nur er, der Eine!
Still sucht er Halt und
fegt zärtlich den Saum der Zeit.

Gib mir Deine Hand –
ja, versprich mir Ewigkeit!
Du lachst? – Ach, ich weiß:
Es vergeht so ohne Grund.
Doch, lass uns hier sein!
Es webt und pulsiert gar bunt.

Gewitterschlag. Blitz.
Schattenspuren, nasses Licht.
Schritte und Türen:
auf und zu und hin und her.
Zeit dreht sich geschwind.
Es scheint blau im Augenblick.

Rau es sehnt und pocht.
Stille Stube – Kaffee, lau.
Vager Blick – oh Traum.

## Neuanfang

Im frühen Nebel
Dreht sich leis‘ ein Speichenrad.
Krähen kreischen laut.
Die kahlen Bäume schweigen.
Im gelblichen Licht
Geh’ ich Schritt für Schritt und zähl’.

Im Maskenkeller
Harrte ich im Spinnenstaub
Und fand die Schlüssel
Meiner Gründe und Tabus.

Am Rand‘ der Wahrheit
Seufzt meine schwarze Tinte.
Meine Irrtümer
Spielen bloß mit meiner Tat.
Ohne Rückfahrschein
Droht mir die Verplemperung.

Dein Zweifel hält mich:
Die Frage lässt mich beben.
Dein Dasein verstört
Wohl beiläufig mein Schicksal.

Ein Traum bewegt mich:
Zeitlose Fugen lachen.

## selbstschutz

verlegt, gar verstreut
benommen im unterholz
sammelt sich mein ich

ich kombiniere
und binde mich neu

mein schutzengel
schneidet brot, trinkt bier
und grölt seine lieder

## Schattenlicht

Zu später Stunde
Webt in mir ein Tagestraum.

Ein helles Herz geht
Durch nasse, bunte Blätter.
Kleines Leben trifft
Glitzerlicht im kargen Raum.

Dein Blut ist flüchtig
Und Gerüche plagen Dich.
Ein Schatten schimmert
Beiläufig und beharrlich.

Die weiße Schwester
– so kühl und klar – schweigt im Licht.
Sie weht atemlos,
Gar geschwind durchs Wunderland.

Dein Ich ringt am Rand
Mit Wörtern, Blitzen, gar mit sich.
Ein Schwarzlicht blendet
Und verwebt nah die Sichten.

Du bist stolz und blass
Und gleitest zur vagen Welt.

## ICH im Ring

Versteh mein Schweigen
nicht als stumme Ablehnung.
Mein ICH ringt um sich,
ist kompliziert verwoben.

Ob Sprache, Handlung,
Wahrnehmung, gar mein Fühlen,
alles schwebt und webt
und dreht sich flink im Kreise.

Bin gebannt, gar stumm,
wäre gerne stolz und klar.
Flieh in Raum und Zeit,
um zu finden, um zu sein.

**ES**

träume
tauchen in
den ozean
der bilder
und
in das
**ES**

sehnsucht
umkreist die
ekstase

meine haut
berührt
dich

## Schweigen

Mein Selbstgespräch erörtert
Das Gebinde meiner Gedanken,
Dringt ein in Motive und Gefühle und
Ins Geflecht von Glauben und Verstand.

Ich sehe in die Verästelung
Von Lust, Blut, Stolz und Ehre
Und suche Wege, Treppen,
Stufen bis zum Grund.

Langsam gleite ich hinab
Und zersetze meine Sätze,
Die wie filigrane Netze
Das Leben umspannen.

Ich balanciere auf den Fäden
Und finde Linien, jedoch keine Welt.
Ich erschrecke und werde starr
Und kombiniere neu.

Ich atme und bilanziere:
Ich bin und gehöre zur Welt.
Ich gehe schrittweise,
Tanze auch und schweige.

## Verbindendes Schweigen

Mein Wort ist eine Flocke,
Um die sich Dein Schweigen sammelt.
Zwischen den Schichten leben Bilder:
Sie und die Träume verhandeln uns dort.

Die Schneebälle verscharren wir im Torf.
Im Sommer öffne ich die salzigen Böden
Und finde die Erzählungen vom Leben,
Die mich in meiner Ungeduld trösten.

Vater und Mutter, ob klug, ob weise,
Wirken in ihrer Art wie die Zeit im Flug.
Merkur dreht sich genau auf seiner Reise.
Nur ich verstehe meinen hellen Schlaf.

Ich warte und hoffe auf Dein Wort.
Die Tür knarrt und öffnet sich:
Die Stille umarmt uns Neugeborene
Und füllt leis‘ den Raum mit Zeit.

**alte karte**

ich fand eine karte
in einem buch
verlegt, vergessen.

mit lieber, dazu deine
vertraut erzählend
nah an gründen.

doch, kenn' ich dich?
und gar mich?

(mein ich wandert aus
unergründlichen tiefen
wie eine blase im meer
und wandelt sich.
doch die erinnerungen
an all die schichten
und die feuchten schatten
sind wie wurzeln.)

ein sehnen in mir:
es ist wie ein ruf.

## Sternenstaub

In der wachen Nacht hallen Rufe
Durch die Straßen und den Raum
Und umwehen mich.

Ich sehe durch ein Fenster
Auf einem Schimmel eine Frau,
Die durch Wälder flieht.
Rechts vom Mond fällt ein Stern
Und stürzt wie eine Schnuppe.
Sie erzählt von der Suche
Und der Heimat des Lichts.
Der Strahl kennt Zahl und Wort
Und die Mythen der Nähe.
Ich sehe eine Tasse, die fällt,
Und Dich als Kind, das forscht.
Ein Bild, das mir tröstlich bleibt.
Durch ein Glas
Schaut ein Antlitz und wartet:
Es ist schlau und schweigt.

Früh fällt Staub auf Dein Kissen,
Das Deine Träume sammelt.
Ich schüttle und wiege Dich.

## Teestunde

Beim Gespräch am Nachmittag
entgleitet Dir die Kanne.

Unmerklich verschüttest Du Tee.
Deine Hände zittern, wischen.

Blitzartig sieht mein Auge
verglühende Sterne, die
diese Welt nicht mehr ertragen.

Ich erinnere gefallene Wörter
und füge sie auf weiße Blätter,
um uns zu retten.

Ich begreife, verfehlte Türen
erzeugen Geschichten.

Du kochst fast beiläufig Wasser.
Hätte doch die Schöpfung
einen Rückzugsraum!

## Pickelnase

Die Pickelnase
flaniert zum Imbiss der Welt.
Sie achtet Zahlen
und fährt ein Moped, blau-gelb.

Weise pflegt sie sich.
Ihr Mut ist nicht zimperlich.
Kausal sei die Welt:
Sie weiß, jedoch glaubt sie’s nicht.

Sie schwört auf Schönberg,
MP3 und RSA.
Sie fühlt coolen Jazz
und versorgt ’ne DNA.

Nachts schwadroniert sie
über Zahnersatz und Gier.
Sie geht auf Klippen
und schwärmt von Deinen Lippen.

Manchmal, so trunken,
schimpft sie und fällt vom Klavier.
Sie pokert, trinkt Bier,
zockt und bellt auf allen vier.

Sie streitet und lacht,
vergisst und verzeiht dann sacht.
Sie wünscht sich ein Heim –
jedoch verweilt sie im Reim.

Er verleiht ihr Halt:
ein Y-Tong – weiß, grob und kalt.
Sie belebt ein Tier,
weint und verzaubert sich hier.

**tigerwelt**

diese tiger, diese biester
wir sehen sie genau und lächeln
dann übersehen wir sie
fast wie die geister und dämonen

wir reiten und ringen mit ihnen
und erhalten uns ein sofa, ein rotes
für erzählungen und das reden
ohne punkt ohne komma

und finden eine nähe
eine einheit und bewegung
im hier und jetzt
und ein und

ps
atme leis‘
die freiheit
im du, im ich

## Spinnengrund

Ein Horizont erfand unsere Sicht
Von den Bildern und den Dingen.
Er kennt die Galerie der Begierden
Und Bindungen zwischen uns.

Deinen Ring mit dem Stein
Warf ich in einen Fluss.
Unsere zerfaserte Seide
Hast Du zerschnitten.

Meine Tränen reisen je für sich
Zum Meer mit dem roten Schein.
Die Regenluft kennt uns. Doch
Die nasse Luft atmet sich so schwer.

Eine Karte erhielt ich von Dir.
Ein letzter Faden wächst für sich.
Du nennst die kühlen Lichter
Und bindest mich so an Dich.

Du besuchst mich zu Deiner Zeit.
Ich höre auf Dich und schlafe nicht.
Im grünen Moos liegt wohl der Schlüssel.
Du rettest mich vor meinen Gründen.

## Grenzraum

Am Zeilenende steht ein Punkt.
(Harmlos. Klar.)

Wer übersieht das?
Verdreht es gar?

Die Tinte läuft.
(Herr Möbius lacht.)

Die Lage ist verdichtet.

## Zwischen-Wort

Ein Laut reift zum Wort
Inmitten all der Schatten.

Im Rauschen der Welt
Steht das Wort klar und gewiss.

Welt ist bloß ein Wort
Und blind im Netz der Wörter.

Das Wort führt die Welt.
Die Welt verführt die Wörter.

Das Wort fühlt Dein Ich.
Dein Leib verhüllt und tröstet.

Tränen schützen Dich
Und nähren Deine Seele.

## Seinskuss

Wort im Ton zum Sein –
heiter zwischen den Silben
leuchtet Gewissheit –
es umhüllt und bindet karg.

Klänge dringen ein
beiläufig wie Gerüche –
Nässe zerbröselt –
es nährt und schwebt zart wie Tau.

Glut im Schattenflug:
Asche steigt und Wärme schwirrt –
gleitet und kitzelt –
reibt und lacht befreit zu Dir.

## Verbunden

Die gelbe Blume
Steht einsam auf einem Feld.
Sie steht allein wie die Zahl
Auf dem feinen Strahl.

Im Raum der Welt der Punkte
Binden Gefühle:
Sie malen Hüllen
Warmer Illusionen.

Morgentau lässt uns leben:
Er ermöglicht Tee.

## Zeichenwelt

Klar wird diese Welt
Nur scheinbar mit den Zeichen,
Die das Leben zerteilen
In Sphären von Licht und Lust.

Karg wie ein Metall
Erscheint das Ich als Zeichen,
Welches – weltenfern –
Glitzert hell wie ein Gestell.

Das Ich erfasst sich
– Verdreht in Macht und Wissen –
Im Wollen, Denken, Sprechen
Wie ein kluger Automat.

Es lebt gebunden
Im Diskurs der Geräte
Und kennt die Rechnungen
Und das Schweigen dieser Welt.

Die Welt wirkt grundlos.
Alles west und weht:
Auch Zeit, Zeichen und Ideen.
Der Tod prahlt nur Parolen.

## Regenzeit als Zwischenzeit

Zwischen den Zeiten
– Im März und November –
Mahnt uns ein Regen
An den vagen, fernen Grund.

Tropfen, die treffen,
Werden weich, hell und vergeh‘n.
Die schwarzen Tropfen
Kleben Lebensrisse.

Lebenstropfen leuchten
Im Regen der Bögen.

Die Tränentropfen
Entstauben die Seelen.
Sie bilden Waschstraßen
Für Schatten und Masken.

Regenfäden
Leiten den Rhythmus.
Die Zeit tropft haltlos:
Verfließt wie Ideen.

## Anmut

Zweige ohne Blattwerk
Hüllenloses Gerüst
Vögel im Geäst
Rote Beeren
Dornenblut

Flocken schweben
Umhüllen und verpacken
Diese leere Welt

Welt ohne Antwort
Hunde bellen
Feuer leuchten

Ein Kind wacht
Beim Kerzenschein
Es fragt und lacht

Weiße Landschaft
Gefrorener See
Eisiger Wind
Ein Hauch
Sonnenschein

**blutzeit**

nebel
umhüllt
am morgen
rote beeren

tropfen
sammeln sich
fallen rot
von leeren
beeren

dein blut
kennt dich

unser blut
bindet
kennt zeit, geist
das licht und
die schatten

ich atmet
nur die stille
und auch
dich

## Schatten der Ganzheit

Unter Bäumen
Im Schatten
Im Buch

Schwirrende Luft und Staub
Zeitloser Flug
Wellenklang

Treppenhaus
Kühle Stufen
Kaffee und Wein

Blitze, Donner
Bizarres Leuchten
Von Ost nach West

Hunde heulen im
Nächtlichen Wind

## federlicht

strahlt durch bäume in schluchten
spiegelt sich im meer

erkennt töne und klänge
spürt tabus und das geheime

wärmt und erhellt
entkleidet sich farbig in tropfen
berichtet von der welt

liebt die weite reise
lacht zu raum und zeit
umwebt den staub so weise

berührt die schatten
dreht in sich kreise

spielt mit wellen
tanzt federleicht

## Zwischenwelt

Mitten unter den Schatten
Verbirgt sich das Licht.
Im Zwischen von Wort und Welt
Harrt ein Meereswind.

Klänge und Farben spielen
Und weben Muster
Vom Dasein und den Dingen,
Von dir, mir und uns.

Das Ohr hört leis' ein Rauschen.
Wahr bei Gott: Die Zeit beginnt.
Sie weht wie das Salz
Durch den Rahmen ins Innen.

Die Klänge bewegen uns
Empor zum Leben.

## Lebensrisse

Vom Hang her weht ein Wind
Mit verrauschten Melodien
Und einem Kinderlied.

Die Wärme verdreht meine Bilder
- wie ein Schwindel.
Die Mücken tanzen sorglos.

Segler fliegen hoch und gleiten.
Sie treiben, steigen, stürzen:
Und sie jagen aufeinander zu.

Helle Strahlen schneiden Linien
In die Idylle und entbinden
Kleinigkeiten von dem Sein.

Die Spiele der Vögel entgleiten.
Gerangel verdeckt das Blut.
Federn fallen im Geschrei.

Spät verliert der Tag seine Glut.
Er findet erschöpft in tiefer Nacht
Seine kühle Ruh'.

## Herbstzeit

Verstreute Blätter:
Bunte Herbstfarben der Zeit,
Die nicht warten darf.

Späte Tagesglut
Verfällt wie Staub in Gassen:
Lebensglanz entweicht.

In kühlen Nächten
Schreit schrill und laut die Katze.
Ein Name erschallt.

Wir erinnern Licht,
Auch den Geruch von Erde
Und alte Fragen.

Rufe und Stille –
Herzen atmen Ewigkeit.
Fromm ist die Frage.

Stunden der Leere
Erfüllen nun die Tage.
Das Jahr, es vergeht.

## Besinnung

Rede von dem Geringen,
Das aber gewiss sein kann.

Die Zeit nicht messbar:
Dein Wollen ungewiss.
Ruhe unerwünscht –
Auch neue Forderungen.

Bodenlosigkeit
Diffuses und die Lüge
– Dazu all die Masken –
Bilder bedrängen Dich.

Du suchst karg ein Wort
Und verfällst dem Weltentanz.

Beginn' wieder neu:
Beginn' still und auch einsam.
Beginn' bei Dir.
Beginn' für Dich.

***Grenzen***
dazwischen
bindet

dem
Wort
ungreifbar.

***Zeit***
geschwind
unerbittlich

dem
Wollen
entzogen.

***Hoffnung***
behutsam
klar

mit
Lust
verbunden.

***Annäherung***
sag
deinen Ton

mein Hören
trägt.

## Seelenrest

Grenzraum
der Dinge und des Daseins
mit Nein, Ja und Vielleicht.

Restseele
die nicht aufgeht in Taten,
Theorien und Parolen.

Sie, die wir drehen
und verstimmen, ahnt den Code.
Uns entschlüsselt das Leben.

Schweigen verfugt die Wörter.
Träume ringen um Freiheit:
Eine karge Welt.

Seele atmet Staub
und erfindet im Brunnen
die klare Flut.

Ein Antlitz sieht dich.
Du schaust still, wartest:
Es bannt unbedingt.

Seelentanz, naher,
verführt zum Gleichklang
und zur Spurensuche.

Zeichen in der Zeit:
Ich atme T-Shirt-Geruch.
Regen nährt die Seele.

## Gleiten

Ich gleite, ja schwebe,
still und kaum merklich
aus dem klaren Hier und Jetzt
in ein Reich der Wellen.

Verwoben, mehr und mehr im Zwischen,
ganz zusammen und beinah froh,
gleite ich empor und weit in Tiefe
gemeinsam und auch ganz allein.

Ohne Nah und Fern, auch ohne Zeit,
fließe ich zwischen Licht und Schatten
geduldig und genau,
auf ewig verbunden.

## Anthrazit

Du besuchst mich leis‘
Zur Schattenzeit der Tages.
Sonnenglut verweht
Im trocknen Staub der Straßen.

Themen binden uns
Und der Klang vom blauen Meer.
Für mich strahlst du wunderbar:
Gelb-blau-anthrazit.

Allein am Morgen
– Du bist enteilt im Regen –
Such‘ ich beim Kaffee
Bilder, Namen, wohl auch Halt.

Ich find‘ Dein T-Shirt:
Atme – spüre – fühle Dich.
Regenbögen leuchten.
Regentropfen binden uns.

## Roter Mund

Dein Auge sammelt
Wie ein Diamant
Gestreutes Licht.
Es formt einen Strahl.

Er berichtet dir
Von den Wegen
Und dem roten Stern

Und erzeugt ein Bild,
Das dir tröstlich bleibt.

Es kennt die Mythen
Der Fügungen und der Nähe
Von Zahl, Bild und Wort

Und erinnert dich
An heimatliche Gründe
Und an eine Liebe
Wie deine roten Lippen.

## schwangerschaft

ein bogen ist umkreist
mein ton so stumm
die geste stein.

alles fließt in einen punkt.
der atem steht.

still das sein.

es klopft.

regen fällt;
und umhüllt
und schützt
und nährt
-
ein keim beginnt
- es lebt, es lebt.

## Begegnungen

Die Sterne stürzen von ihren Plätzen
in die weiten Räume wie Asche.
Sie flirten mit dem Nichts.

Sternenleere Dunkelheit:
Warteraum der Ewigkeit
und des intimen Schweigens.

Mein Glaube verfällt der Erde.
Nur noch Tropfen binden mich.
Ich treibe zwischen den Gassen;
spüre Bewegungen und die Stille,
die mich fügt und heimlich führt.
Dich erspür‘ ich im Augenblick.

Ich verliere im Regen
meine klare Form:
Heimweh weht.
Du rettest mich
mit dem Schirm.

Unbeugsame Nähe.

## Suche

Wir pflegen unseren Umgang.
Doch in der Küche erlebe ich,
Dass ich Dich umgeh‘.
Ich gleite leicht zur Seite:
Mein Arm schaukelt gedreht.
Unsere Nähe würde mich verbrennen.

Ein Spiegel allein trägt mich nicht
Durch die Hitze, durch die Kälte.
Nur Dein Blick führt mich
Über die Wüstenweite.
Dein Atem gibt mir eine Form.
Deine Hand hält mich mit Sinn.
Dich werde ich nicht übergehen.

Beiläufig berühr‘ ich Dich.

## Liebesfugen

Dein Herz schlägt in meiner Hand.
Ich erfasse Dein Sehnen und
Höre das Pochen.

Mein Blut windet sich im Rhythmus
Von Nähe und Ferne und
Bleibt rot und Dir treu.

Meine Stirn kennt Dein Lachen
Und mein Ohr sieht Deine Farben:
Sie spielen im Vorgarten verwegen.

Dein Sinn weiß um meine Zeit
Und ich um die Stille der Nacht.
Das Leben bindet uns.

## Ich-Du-Nähe

Im Schlummer, auch nachts,
wenn du mich besuchst und
wir reden und uns sehen,
und eine Gier uns regt,
die uns trägt,
überfällt mich
jenseits aller Ekstase
eine Sehnsucht
nach ewiger Näh‘.

Meine Haut atmet deinen Duft.
Ich erfahre eine Glut,
die die Masken öffnet und
uns bindet bis zum Blut.

Im Bauch höre ich ein Glucksen
und rhythmisch ein Leben,
das glimmt und webt.

Dein Mund,
weich und unbeschreiblich
zärtlich, hält mich.

## Schwebungen

wir gleiten durch den staub der tage,
trinken roten wein am brunnen und
achten die fliehende sonne.

auf den tribünen und türmen hören wir
die parolen der märkte und erfassen
die bewegungen und süchte der welt.

in den stunden der geduld
umkreisen sich unsere körper
und fügen sich nah und schön.
unsere haut umwebt sich wortlos,
sucht die glut und das glück für uns.

tage, stunden, minuten zählen:
froh erwarten wir die sekunden,
die uns im neuen jahr verführen.

selbst im leben und gar besonnen,
kein ball der meute und zärtlich bei dir,
bin ich wohl bei mir und eins im hier.

## nach einem brief

trauer
die aus dem bauch quillt
und hals, brust und augen
füllt und bannt

lidschläge
zeigen heftig
der seele
kümmernis

bang das herz
ein weiter blick
alles leben weicht
stummheit bleibt

benommen
fast zart
harren meine hände
erstarrte bewegung

schweigen
innentränen überall
trauer, versponnen
verkehrte träume?

## Innentränen

Regen.
Wind streift durch Zweige.
Ein Baum und Erde, nass.

Der Nebel
umhüllt und schützt
und hält am Leben.

Meine Trauer
– der Regen
meiner Seele.

## Langeweile

Das Licht verliert seine Farben
Und gleitet unmerklich zur Nacht.

Eine junge Frau sitzt leicht verhüllt
Im Stuhl und fixiert ein Glas.

Am Rande liegen Strümpfe.
Auch Wäsche und ein Tablet.

Sie hat weiche Lippen und
Schmale, lange Beine.

Im kinderfernen Ambiente
Ist sie allein und schläfrig.

Durch Scheiben sieht sie die Welt,
Bedenkt Gespräche und das Geld.

Am Morgen verlässt er den Raum.
Ihren Rang kennt er genau.

Im Bad liegen blaue Wimpern
Und eine Maske dieser Zeit.

Fern erklingen Kinderlieder.
Sie träumt von Puppenkleidern.

## Erwartungen

Schweigen vor dem Kreuz
Warten auf Antwort
Leere vor den Türen

Abschweifen im Empfinden
Bedenken von Fleisch und Gemüse
Klagen zur Gerechtigkeit
Stolze Tattoos

Bilderschatten
Schicksalsblitze
Statistisch wohlbekannt

Wieder die Zeit
Das Leben und das Kreuz

Erneutes Warten

## Grüne Erinnerung

Grüne Seen kennen die Spiele
Der Fische mit den Pflanzen.
Mich umhüllt ein grüner Mantel:
Er trägt mein Ich im hellen Schlaf.

Im Regen treibt es dich zu Wiesen.
Du eilst durch quellende Hölzer.
Später gehst du über Brücken.
Karge Wörter modern auf den Wegen.
Sprache zerteilt dich und deine Welt.
Sträucher, Schatten leben
Und erinnern dich an eine Näh'.
Schwarze Tropfen umspielen dich.
Nebel nährt das grüne Holz.

Deine Träume wandern zu verfehlten Türen
Und Scharnieren, die dir entglitten.
Sie schichten tief in deinem Ich
Das Salz und erzählen es dir.

## Ichblasen

Die Ichs tauchen auf
Wie Blasen im Moor.
Sie blubbern, singen, tanzen
Und steigen empor.

Manchmal sprudeln sie
Oder schweben wie Quallen:
Wandeln Farbe, Form, Idee
Und sind nah und fern.

Die Ichs antworten,
Fragen, modern und vergehen.

Nur ein Ich steht mir zu?

Rot sie entsteh'n.

## Gründe

Späte Septembertage.
Glut und Staub sind verhaftet.
Deine Weltbilder sind sich gewiss.
Ein grau-blasser Regen fällt.

Pfützen verkleben den Sand.
Die Hitze steht und vergeht.
Die Wärme mündet so still,
So unmerklich in Blätter ein.
Erdgeruch mahnt Dich.

Besonnen am Schuppenrand
Träumst Du vom Möglichen.
Du zählst die Stunden und
Fürchtest die Sekunden
Vor dem schwarzen Regen.

Bilder erzählen Dir Visionen:
Sie trösten und verklären.
Der karge Boden hält Dich
In dieser Welt.

## Seelenkleid

filigran
verschlungen
zugleich verhüllt
arglos entblößt
wie seide

trennt und bindet
innen
außen
räume, flure

es folgt der mode
und dem ich
wandelt sich
und bleibt bei sich

es rechnet taktvoll
ist verschwiegen
nobel
prahlt nicht
und weiß um dich

## Weltentzündung

Beim Gehen durch Staub und Rost
Der Straßen erzeugen Gerüche Bilder
Von Granaten, Panzer, Blut und Not.

In den Kriegen dieser Tage reisen
Daten zu Grenzen und Geräten.
Kaum ein Auge sieht eine Heimat:
Nur Stecker in Drahtgestellen und
All die blinkenden Lichter.

Die Krieger kennen die Algorithmen:
Sie agieren versteckt und stumm.

Mit den Bildern wählen wir die Welt.
Parolen verklären Freiheit und Tod.
Technik bewältigt Natur und Geist.
Doch die Nerven sind entzündet.
Unbehaust ist unser Leben.

Asche erzählt von Feuer.
Feuchte Luft atmet sich so schwer.
Unsere Tränen sind kalt und alt.

Uns bleiben nur die Namen
Und die Sätze alter Sagen.

**Gehe!**

Das Metall zerfällt
In rostig-bunte Schuppen.

Türme und Bücher brennen;
Graue Asche weht.

Die Zeit flockt wie Schaum,
Schmutzig, grau und weiß.

Die Erde steht in Flammen.

Die Idee fragmentiert
Und Parolen wehen im Wind.

Stille harrt im Sturm.
Das ICH geht Schritt auf Schritt.

Ein Glockenklang
Durchweht das weite Land.

Es pocht.
Du zahlst.

## Ich will leben

Vater, ich sehe Sterne,
Spüre Regen, sogar Wind.

Mein Herz schlägt.
Fiebrig ist mein Atem.

Ich zittre, bebe.

Ich gehör‘ zur Welt.
Dieses Glück lässt mich schweben.

Vater, bitte schweige nicht.
Ich will leben.

## Halt

Mich trägt Dein Blick
In der Weite der Wüste:
Durch die Kühle und die Hitze.

Dazu kommt eine Welle, blau mit Schaum,
So weiß, am Rand des Sturzes.

Auch eine Rose, violett und grazil,
Mit feinen Dornen bei den gelben Steinen.

Und ein Regenbogen im August
Mit diesen sanften Tropfen, die umhüllen.

Der Spiegel trägt mich nicht.
Dein Atem, Deine Hand
Halten mich mit Sinn.

## Maskentanz

Sonnenlicht
Sternenglanz
flackernde Farben
rot, grün, blau

verwirbelte Asche
im kalten Nachmittagsschein
verweht willkürlich im Raum
und durch die Flure der Zeit

die auf den Türmen
kennen unsere Masken
sie singen berühmte Lieder
bemühen das Schicksal
und reden von Sinnlichkeit
und werben für faltenfreie Haut
sie bestimmen uns die Regeln
und tanzen nach ihrem Takt

all die Ideen
von Mut und Tapferkeit
und – ach ja – Gerechtigkeit
verfaulen leer hinter den Höfen

besinnt euch auf euer Leben
achtet die Sehnsucht nach Freiheit
und seid stolz auf eure Tränen
tanzt wild und singt laut

## Farbgrund

Die vom Schnee verpackte Welt
ahnt um leere Stunden und
um gefühlslose Blicke.

Der schmutzige Schnee kennt
die Angst der Kinder vorm
Geruch der Gassen.

Dein Augenblau erinnert mich
an Sterne, Wellen und
Wolkenmuster.

Das Rote auf Stirn und Nase
folgt deinem Ringen und
dem Blut der Blasen.

Weiße Blätter, ohne Symbole,
verrechnen dein Leben.
Dir bleiben Pusteln.

## Flatrate

Mein Blick erkundet Tankstellen.
Metallische Töne wehen hoch zu mir.
Werkzeuge klirren und Motoren heulen:
Dämpfe, Gase, Öle mischen sich.
Flaschenbier scheppert und hallt.

Nachts sitzen hinter Scheiben
Menschen mit Phantasien.
Manche reden und prahlen.
Andere warten und schweigen.

Es gibt akkurat verpackt
Katzenfutter, Dosenbier,
Auch Weisheit und Gier:
Geleastes Leben in
Kleinen Portionen.

Hunde klagen und wimmern.
Die Öffner sind klein und scharf
Und die Schnitte kurz und schnell.
Ein alter Fernseher glimmert.

## Kirschernte

Die weißen Blätter,
Mit bunten Rändern,
Locken und verzaubern.

Inmitten des Rauschens
Erzählen verborgene Klänge
Vom Blut der Kirschen.

Glänzende Hüllen,
Gleichmäßig klar und glatt,
Umgrenzen die Früchte
Wie das ICH die Gier.

Das Fleisch birgt das Wollen.
ES trägt Beulen, Sprünge
Und den Schmerz in die
Leere der Figur.

Aus gerissenen Hüllen
Entweicht das Leben:
Die Kirschen bluten.

Farbränder verwischen.
Sinnlichkeit vergilbt.
Marmelade bleibt.

## Ichsprache

mit deinen schritten gehe ich einher
mit deinem atem atme ich zugleich
und gleite, schwebe mit dir

ob baum, vogel, freundin
meine haut umwebt mich
und spricht als ich

in den schattenstunden
in denen die wärme verfällt
und mein denken ohne sagen
sich bei dir anlehnt
erfasst mich ein sehnen

in den zahlen
finde ich gewissheiten
in den adern der bäume
fließt mein blut

## Am Rand

Dunkelheit
ES drängt

Du
verklärst und umwebst,
vernetzt, enthüllst und
verführst
Sie

Zierliches Wesen

Zerknitterte Laken
Ein Mond im Spiegel

Heimweh

## Bahnhofsgleise

Vor dem Bahnhof sind Gleise.
Manche krumm und blank.
Andere alt und schlank.

Züge fahren.
Manche weise.
Andere kommen unbestimmt
und wissen kaum
woher, wohin.

Ich bin am Gleis
und gebe manchen Rat.
Ich bin nicht bestellt.
Ich bin bloß ein Gast.

Ich warte im Regen
und würde gerne
mit einem Engel reden.

Fast wortlos im Augenblick
suche ich ein Weiter
und schaue nach Dir.

Was hält mich ab ...
von großer Fahrt?

## Nachruf

Ein Ton summt und Lichter blinken.
Wärmeluft durchzieht das Zimmer.
Eine Membran scheppert.
Sie klirrt und vibriert.

Ein Fenster wird geöffnet.
Kühle ertastet die Hand im Raum.

In dieser bangen Stunde
Vermischen sich die Gefühle.
Schmerzen lähmen.
Belangloses Reden rauscht.
Ein erinnerter Freiheitstraum
Belebt die Gesichter.

Schläuche und Kabel winden sich.
Sie dringen ein ins Gewebe
Wie Adern durch die Haut
Und verbinden Geräte und Organe,
Auch Blut, Leib und Geist mit
Energien und Ideen.

Bunte Klammern fixieren.
Flüssigkeiten stocken.
Daten spielen verrückt.
Töne, Rufe … alle Kraft entweicht.

Er ist nicht mehr am Fenster.
Ein Nachruf bleibt.

# Gedichteverzeichnis


alte karte 14
Am Rand 61
Anmut 26
Anthrazit 37
Bahnhofsgleise 63
Begegnungen 40
Besinnung 33
blutzeit 27
ES 11
Erwartungen 48
Farbgrund 58
federlicht 29
Flatrate 59
Gehe! 54
Gleiten 36
Grenzen 34
Grenzraum 20
Gründe 51
Grüne Erinnerung 49
Halt 56
Herbstzeit 32
Ichblasen 50
Ich-Du-Nähe 43
ICH im Ring 10
Ichsprache 62
Ich will leben 55
Innentränen 46
Kirschernte 60
Langeweile 47
Lebensrisse 31
Liebesfugen 42
Maskentanz 57
nach einem brief 45
Nachruf 65
Neuanfang 7
Pickelnase 17
Regenzeit als Zwischenzeit 25
Roter Mund 38
Schatten der Ganzheit 28
Schattenlicht 9
schwangerschaft 39
Schwebungen 44
Schweigen 12
Seelenkleid 52
Seelenrest 35
Seinskuss 22
selbstschutz 8
Spinnengrund 19
Sternenstaub 15
Suche 41
Teestunde 16
tigerwelt 18
Traum 5
Verbindendes Schweigen 13
Verbunden 23
Weltentzündung 53
Zeichenwelt 24
Zwischenwelt 30
Zwischen-Wort 21

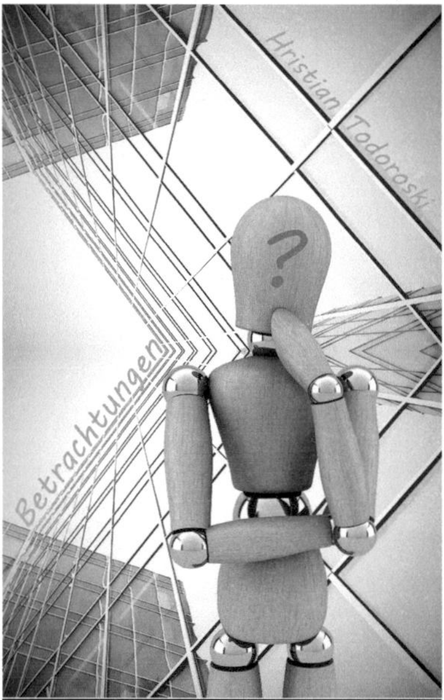
Hristian Todoroski
Betrachtungen

GABRIELE FRANKE
MEIN GESCHENK AN DICH
DEIN GESCHENK AN MICH
GEDICHTE ÜBER DIE LIEBE

Johannes Fightestörk
KASSIBER
Existenzgedichte

Ann-Helena Schlüter
Flügelworte
PianoLyrik op. 1